AF219169

Impressum
Verlag: BABADADA GmbH, Nedderfeld 112 , 22529 Hamburg
Geschäftsführer / Verlagsleitung: Harald Hof
Druck: Books on Demand GmbH, In de Tarpen 42, 22848 Norderstedt

Imprint
Publisher: BABADADA GmbH, Nedderfeld 112 , 22529 Hamburg, Germany
Managing Director / Publishing direction: Harald Hof
Print: Books on Demand GmbH, In de Tarpen 42, 22848 Norderstedt, Germany

baba
school

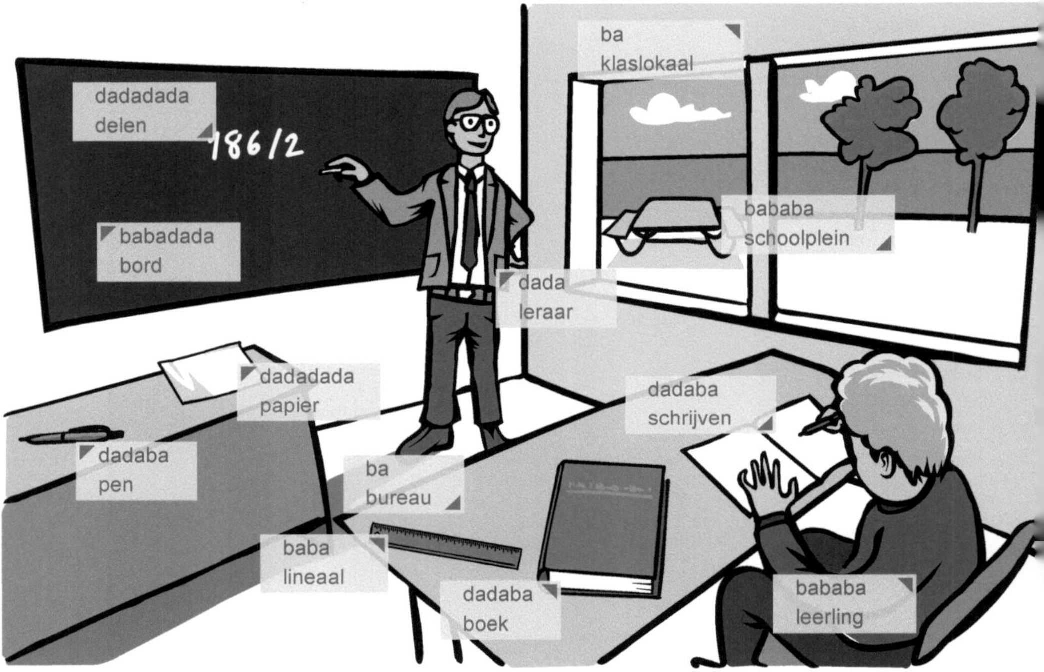

ba
klaslokaal
dadadada
delen
186/2
babadada
bord
bababa
schoolplein
dada
leraar
dadadada
papier
dadaba
schrijven
dadaba
pen
ba
bureau
baba
lineaal
dadaba
boek
bababa
leerling

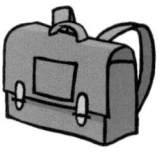

dadaba
schooltas

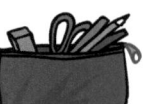

dada
etui

bababa
potlood

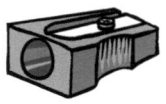

dadaba
puntenslijper

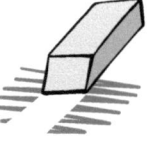

baba
gum

ba
schetsblok

bababa
....
tekening

ba
....
penseel

dada
....
verfdoos

babadada
....
schaar

dadaba
....
lijm

dadadada
....
schrift

babadada
....
huiswerk

12

bababa
....
getal

2+2

dadaba
....
optellen

5-2

bababa
....
aftrekken

2×2

badada
....
vermenigvuldigen

dadababa
....
rekenen

A

babababa
....
letter

**ABCDEFG
HIJKLMN
OPQRSTU
VWXYZ**

babababa
....
alfabet

hello

dada
....
woord

babadada

tekst

dadadada

lezen

dada

krijt

babababa

les

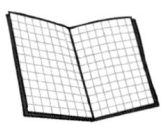

ba

klassenboek

baba

examen

babababa

diploma

babadada

schooluniform

babababa

opleiding

dadababa

encyclopedie

babababa

universiteit

dadababa

microscoop

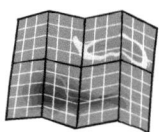

bababa

kaart

babadada

prullenmand

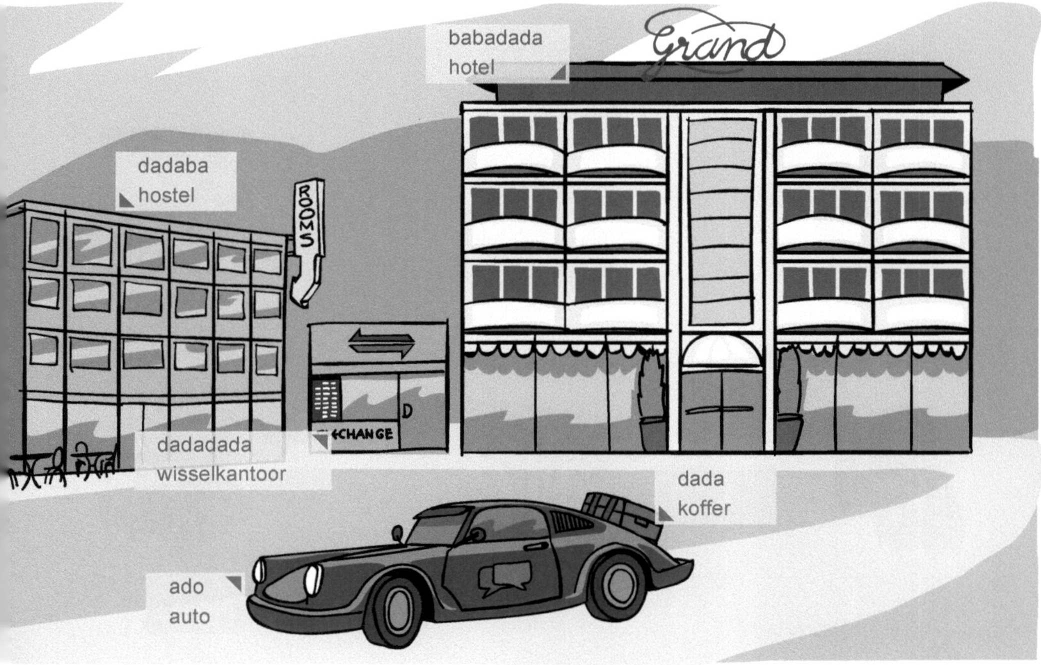

babadada
hotel
Grand
dadaba
hostel
ROOMS
CHANGE
dadadada
wisselkantoor
dada
koffer
ado
auto

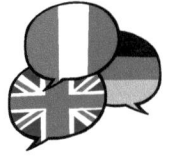

dadadada
taal

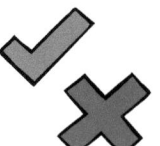

da / meh
ja / nee

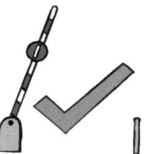

Oh
oké

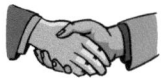

ba
Hallo!

dada
tolk

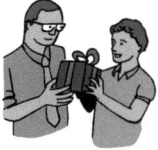

dada
Bedankt.

bababa

Wat kost ...?

ah

Ik begrijp het niet.

dadaba

probleem

ba dada

Goedenavond!

babadada

Goedemorgen!

heia!

Goedenacht!

dadaba

Tot ziens!

badada

richting

dada

bagage

babababa

tas

babababa

rugzak

baba

gast

dadadada

kamer

dadadada

slaapzak

dada

tent

dadadada

VVV-kantoor

badada

strand

babadada

creditkaart

dadababa

ontbijt

baba

lunch

bababa

diner

dada

kaartje

dada

lift

babadada

postzegel

badada

grens

dadaba

douane

babadada

ambassade

dadaba

visum

dada da da da

paspoort

transport

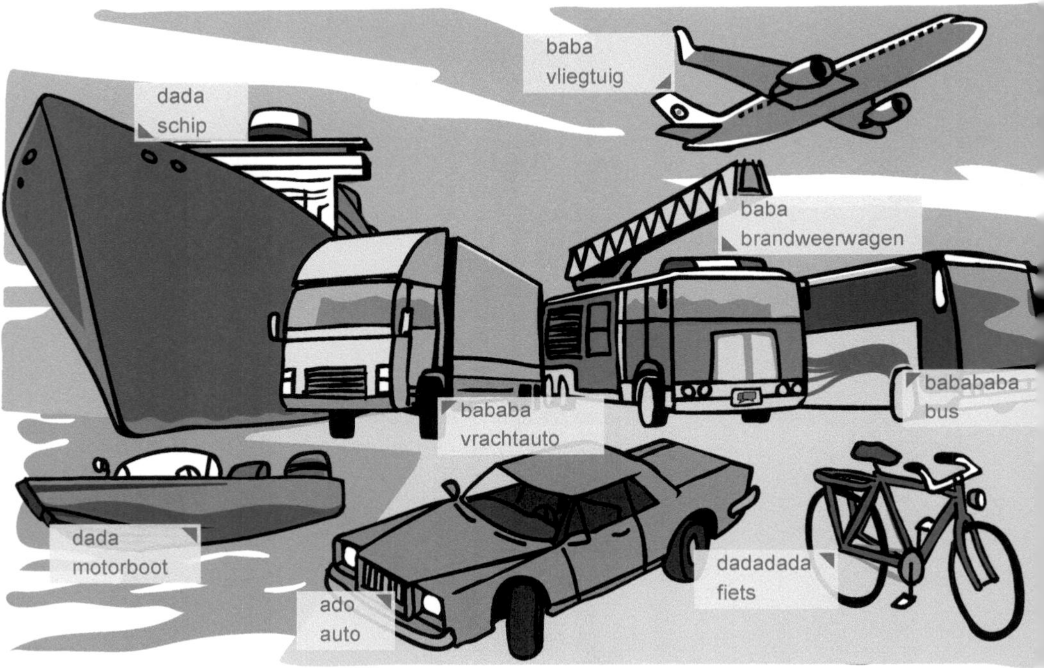
baba
vliegtuig
dada
schip
baba
brandweerwagen
babababa
bus
bababa
vrachtauto
dada
motorboot
dadadada
fiets
ado
auto

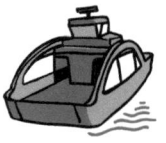

babadada

veerboot

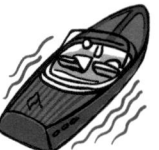

baba

boot

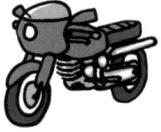

bababa

motorfiets

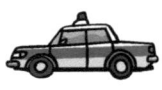

ado

politiewagen

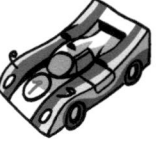

ado

raceauto

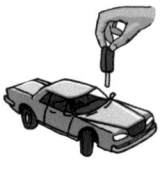

auto

huurauto

dada

carsharing

ado

takelwagen

ado

vuilniswagen

brumbrum!

motor

bababa

benzine

dada

benzinepomp

dadaba

verkeersbord

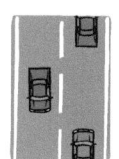

badada

verkeer

ado ado

file

babadada

parkeerplaats

babababa

station

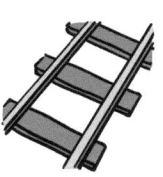

dada

rails

dadaba

trein

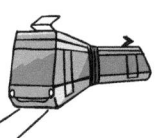

baba

tram

dadaba

wagon

baba

helikopter

baba

luchthaven

dadaba

toren

baba

passagier

badada

container

dada

verhuisdoos

baba

kar

dadadada

mand

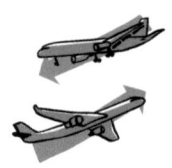

da / bada

opstijgen / landen

dadaba

stad

bababa

dorp

dadababa

stadscentrum

dadaba

huis

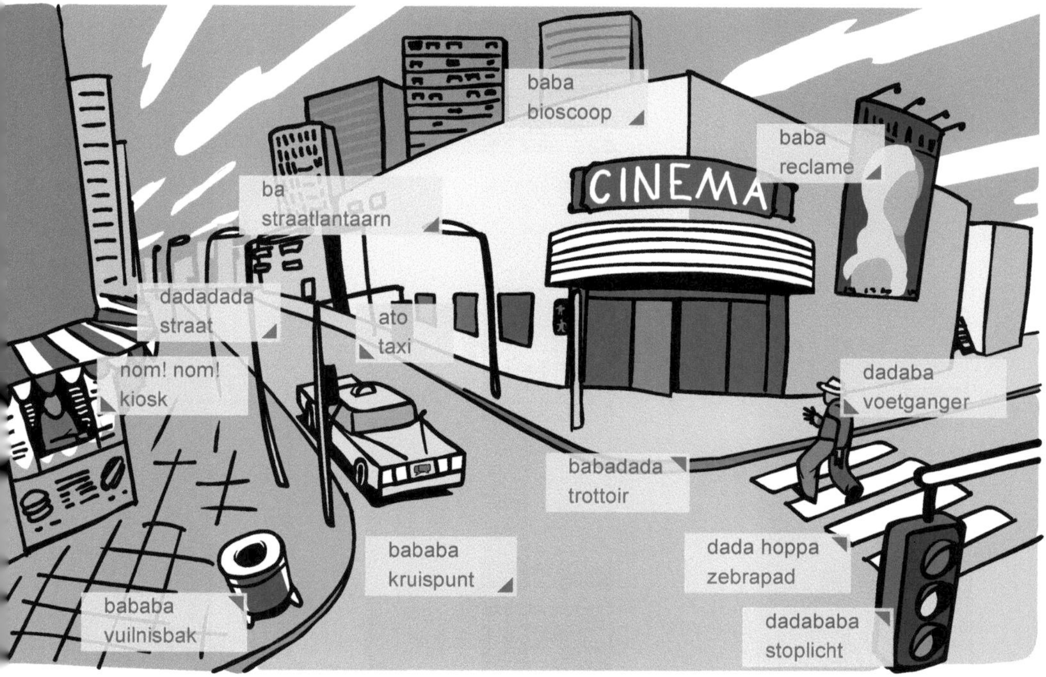

baba
bioscoop

baba
reclame

ba
straatlantaarn

CINEMA

dadadada
straat

ato
taxi

nom! nom!
kiosk

dadaba
voetganger

babadada
trottoir

babababa
kruispunt

dada hoppa
zebrapad

bababa
vuilnisbak

dadababa
stoplicht

babadada
----
hut

dadadada
----
appartement

babababa
----
station

dadaba
----
stadhuis

bababa
----
museum

baba
----
school

babababa

universiteit

dadadada

bank

aua!

ziekenhuis

babadada

hotel

aua!

apotheek

baba

kantoor

bababa

boekenwinkel

ba

winkel

dadaba

bloemenwinkel

dada nom nom

supermarkt

dadadada

markt

dadadada

warenhuis

nom! nom!

visboer

baba

winkelcentrum

ba

haven

dadadada

park

baba

bank

babababa

brug

dadadada

trap

bababa

metro

baba

tunnel

ba

bushalte

babababa

bar

nom nom!

restaurant

dadaba

brievenbus

dada

straatnaambord

baba

parkeermeter

bababa

dierentuin

dada

zwembad

baba

moskee

dadaba

boerderij

dadababa

vervuiling

bababa

begraafplaats

ba

kerk

dadababa

speelplaats

bababa

tempel

dada

landschap

baba
blad

baba
wegwijzer

dada
weg

bababa
weide

baba
steen

dada
wandelaar

dadababa
boom

bababa
rivier

dada
gras

mama!
bloem

badada

vallei

bababa

berg

dadadada

meer

dadadada

bos

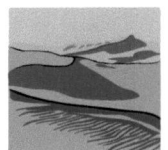

dadababa

woestijn

dadaba

vulkaan

babababa

kasteel

dadaba

regenboog

bababa

paddenstoel

dadababa

palmboom

aua!

mug

badada

vlieg

dadababa

mier

summ summ

bij

dada

spin

dadaba

kever

quak

kikker

dadababa

eekhoorn

dadaba

egel

baba

haas

gackgack

uil

gackgack

vogel

gackgack

zwaan

babadada

wild zwijn

dadadada

hert

dadadada

eland

dadadada

stuwdam

ba

windmolen

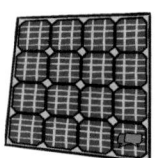

dadadada

zonnepaneel

bababa

klimaat

dadadada
ober

baba
menu

dadaba
stoel

nom! nom!
soep

nom nom!
pizza

ba
bestek

bababab
tafelkleed

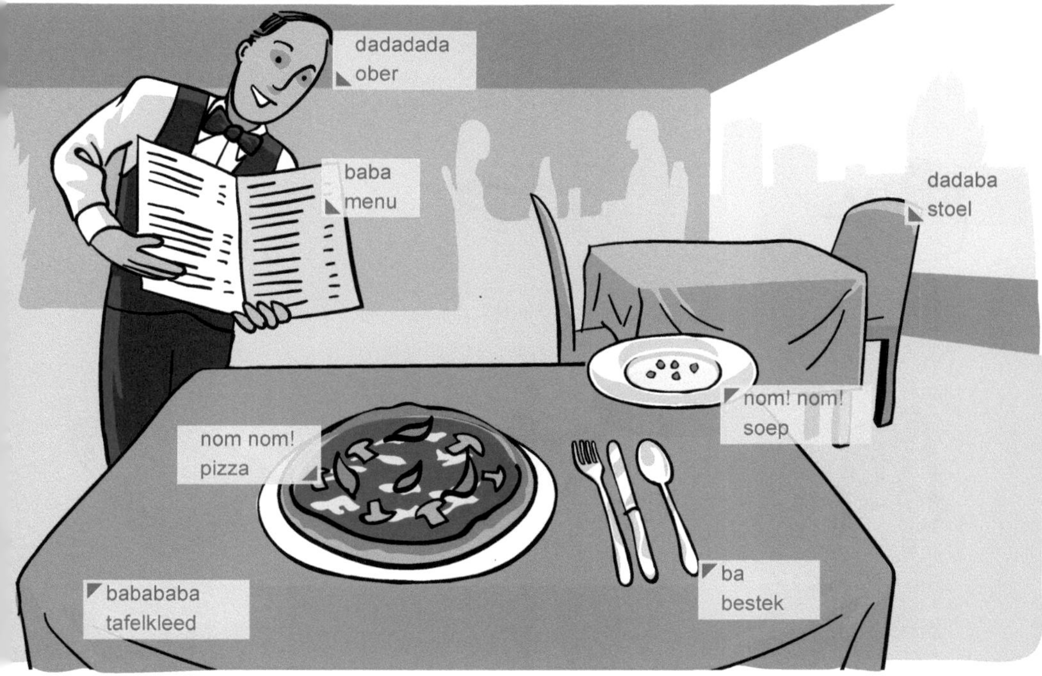

nom! nom!
....
voorgerecht

nom! nom!
....
hoofdgerecht

nom nom!
....
toetje

dadababa
....
dranken

nom nom!
....
eten

nom nom!
....
fles

nom! nom!

fastfood

nom! nom!

eetkraampje

babababa

theepot

nom! nom!

suikerpot

nom nom!

portie

dadaba

espressomachine

bababa

kinderstoel

ba

rekening

bababa

dienblad

ba

mes

babadada

vork

dadaba

lepel

bababa

theelepel

dadaba

servet

ba

glas

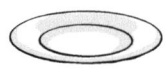

nom nom!

bord

bababa

soepbord

bababa

schotel

nom! nom!

saus

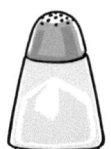

dadadada

zoutvaatje

dadaba

pepermolen

bähbäh

azijn

dadababa

olie

dadababa

kruiden

nom! nom!

ketchup

nom! nom!

mosterd

nom nom!

mayonaise

dadababa
aanbieding

dadaba
klant

dadaba
zuivelproducten

nom nom!
fruit

baba
winkelwagen

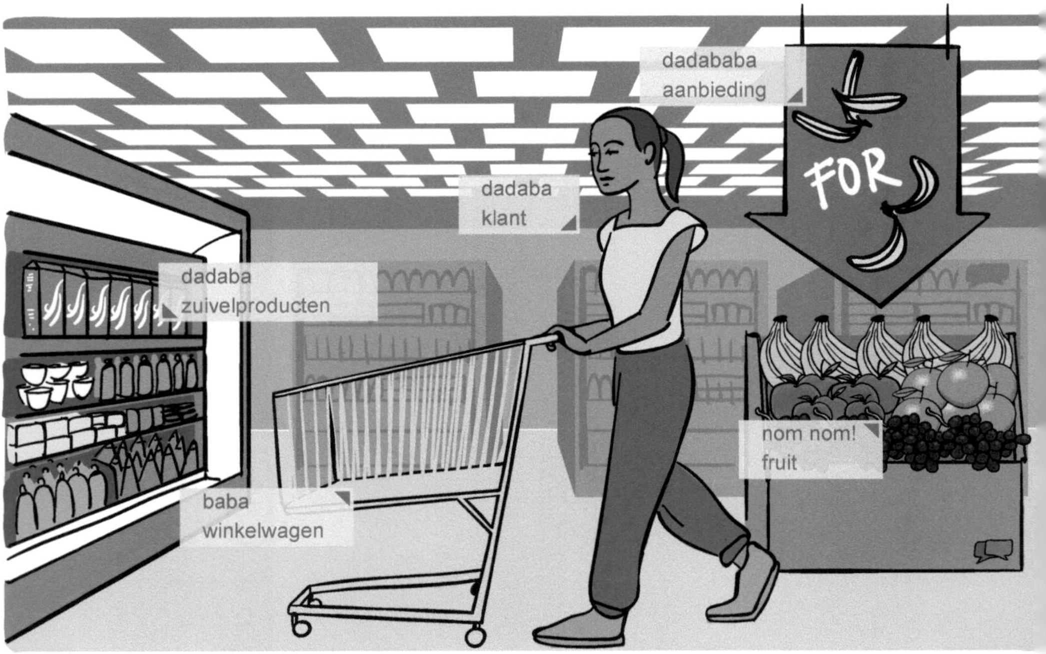

dadaba
....
slager

nom! nom!
....
bakkerij

bababa
....
wegen

bähbäh
....
groente

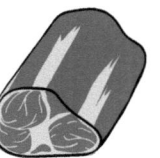

nom nom!
....
vlees

nomnom
....
diepvriesproducten

nom nom!

vleeswaren

nomnom

conserven

bababa

wasmiddel

baba

snoepgoed

dadaba

huishoudelijke artikelen

dadababa

schoonmaakmiddel

bababa

verkoopster

bababa

kassa

dadaba

kassier

dada

boodschappenlijstje

dadababa

openingstijden

baba

portefeuille

babadada

creditkaart

dadababa

tas

dadababa

plastic zak

wasa

water

dadadada

sap

badada

melk

ba

cola

bababa

wijn

dadadada

bier

dadaba

alcohol

bababa

chocolademelk

dadababa

thee

dada

koffie

dadaba

espresso

dadababa

cappuccino

nane

banaan

nom nom!

appel

bababa

sinaasappel

nom nom!

watermeloen

nom nom!

citroen

bähbäh

wortel

bada meh

knoflook

dadaba

bamboe

dadaba

ui

nom nom!

paddenstoel

nom nom!

noten

nom nom!

pasta

nom nom!

spaghetti

nom nom!

rijst

nom nom!

salade

nom nom!

friet

nom nom!

gebakken aardappelen

nom nom!

pizza

nom nom!

hamburger

nom nom!

sandwich

nom nom!

schnitzel

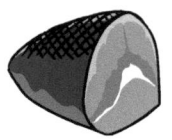

nom nom!

ham

nom nom!

salami

nom nom!

worst

gack gack

kip

nom nom!

gebraad

nom nom!

vis

nom nom!

havermout

bähbäh

muesli

nom nom!

cornflakes

nom nom!

meel

nom nom!

croissant

babadada

broodjes

nom! nom!

brood

nom nom!

toast

nom nom!

koekjes

nom nom!

boter

nom nom!

kwark

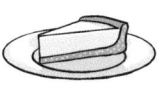

nom nom

taart

dadaba

ei

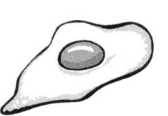

nom nom!

gebakken ei

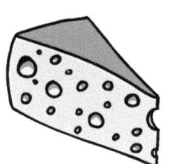

bada muh

kaas

nom nom!

ijs

nom nom!

suiker

baba summ

honing

nom nom!

jam

nom nom!

chocoladepasta

babadada

kerrie

dadaba
boerderij

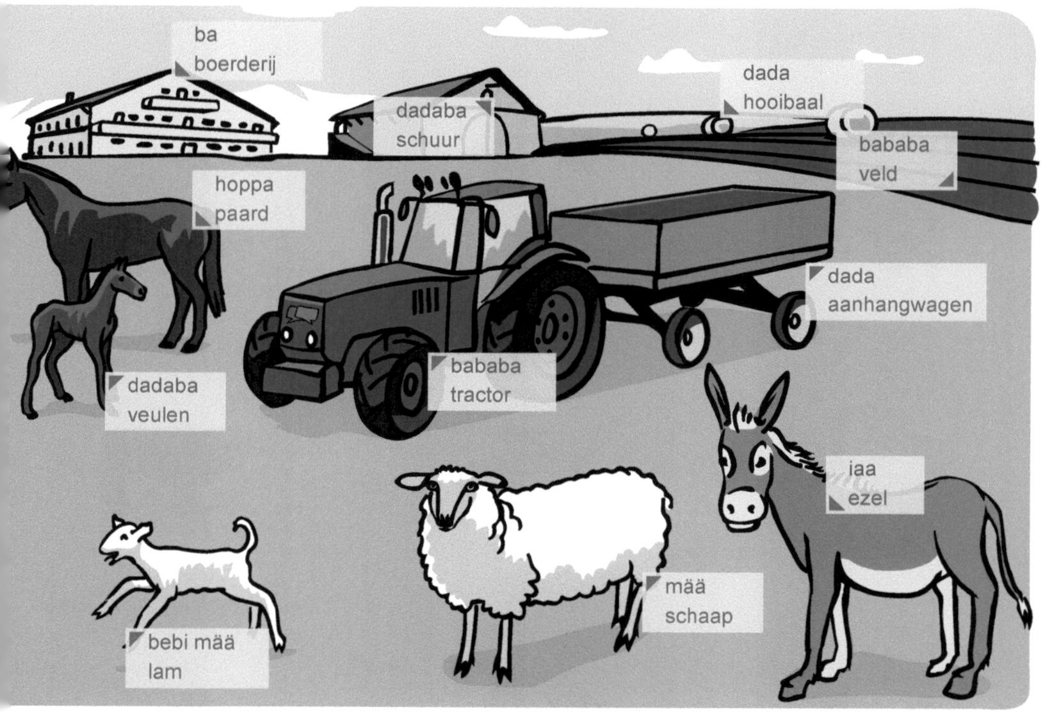
ba
boerderij
dadaba
schuur
dada
hooibaal
bababa
veld
hoppa
paard
dada
aanhangwagen
dadaba
veulen
bababa
tractor
iaa
ezel
mää
schaap
bebi mää
lam

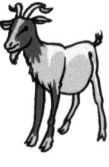

baba
geit

muh
koe

mimuh
kalf

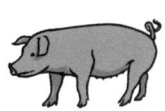

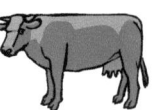

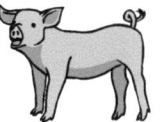

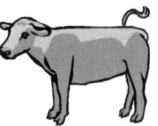

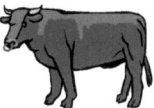

mama oink
varken

oink
big

dadadada
stier

gackgack

gans

gackquack

eend

gacki

kuiken

gackgack

kip

gacko

haan

dada

rat

mau

kat

bababa

muis

muh

os

wauwau

hond

wauwau

hondenhok

baba

tuinslang

dadababa

gieter

baba

zeis

dadababa

ploeg

baba
sikkel

dadadada
schoffel

dada
hooivork

bababa
bijl

babababa
kruiwagen

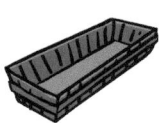

baba
trog

dada muh
melkbus

dadababa
zak

badada
hek

dadadada
stal

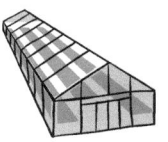

ba
broeikas

babadada
grond

baba
zaad

baba
mest

dadababa
maaidorser

bababa

oogsten

dadadada

oogst

dadaba

yam

dadababa

tarwe

dadababa

soja

bababa

aardappel

badada

maïs

bababa

koolzaad

bababa

fruitboom

dadadada

maniok

dadababa

granen

dadaba
huis

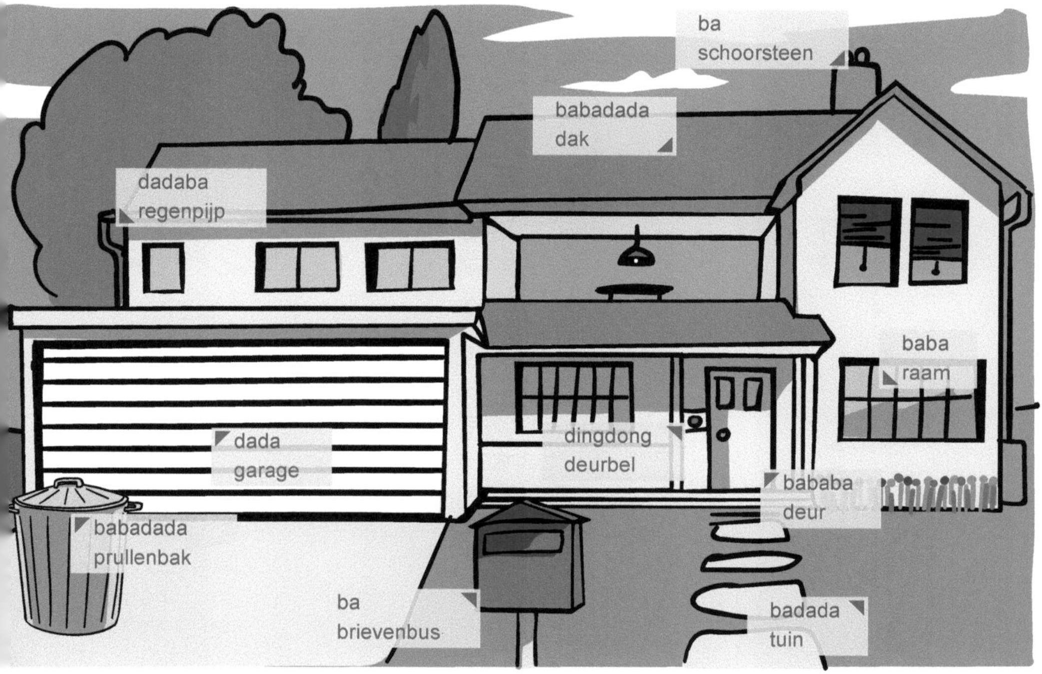
ba
schoorsteen
babadada
dak
dadaba
regenpijp
baba
raam
dada
garage
dingdong
deurbel
bababa
deur
babadada
prullenbak
ba
brievenbus
badada
tuin

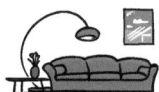

dadadada

woonkamer

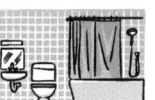

bababa

badkamer

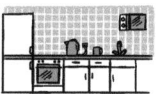

bababa

keuken

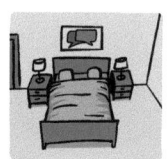

dadababa

slaapkamer

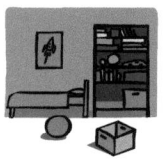

meina

kinderkamer

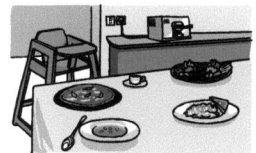

dadaba

eetkamer

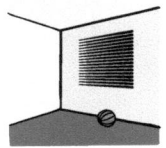

badada

vloer

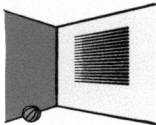

dadababa

muur

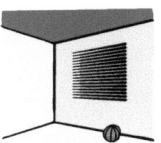

bababa

plafond

dada

kelder

dadababa

sauna

babababa

balkon

dadadada

terras

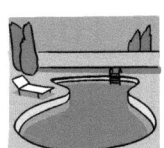

bababa

zwembad

baba

grasmaaier

dadaba

laken

babadada

bedsprei

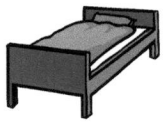

heia!

bed

dada

bezem

dadaba

emmer

dadababa

schakelaar

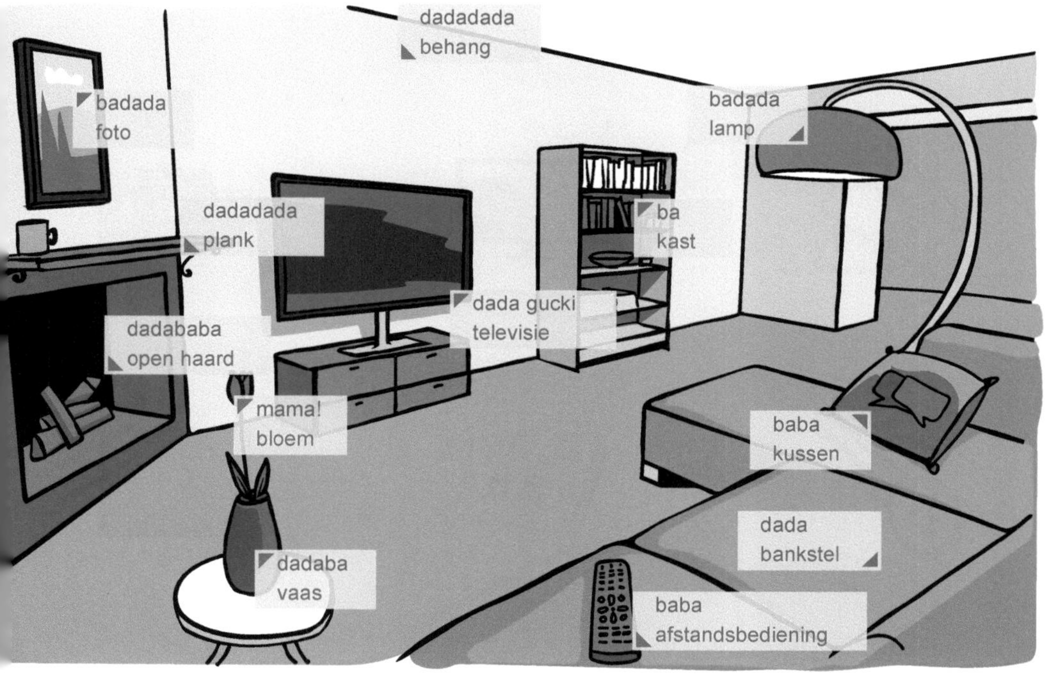

dadadada
behang

badada
foto

badada
lamp

dadadada
plank

ba
kast

dadababa
open haard

dada gucki
televisie

mama!
bloem

baba
kussen

dada
bankstel

dadaba
vaas

baba
afstandsbediening

dada
tapijt

bababa
gordijn

ba
tafel

dadaba
stoel

dadadada
schommelstoel

bababa
stoel

dadaba

boek

dadadada

deken

dadaba

decoratie

ba

brandhout

dadadada

film

lala

stereo-installatie

babadada

sleutel

dadadada

krant

dadadada

schilderij

bababa

poster

lala

radio

dadababa

kladblok

babadada

stofzuiger

aua!

cactus

babadada

kaars

bababa
keuken

bababa
koelkast
ba
magnetron
ba
keukenweegschaal
badada
toaster
dadadada
schoonmaakmiddel
baba
oven
baba
vriesvak
babadada
prullenbak
bababa
vaatwasser

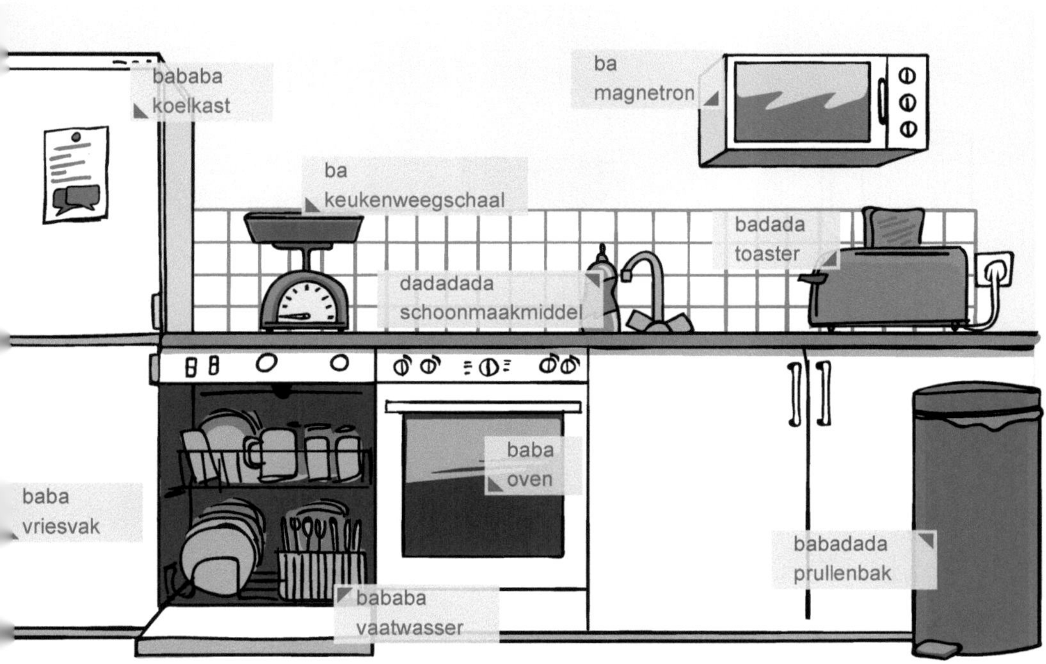

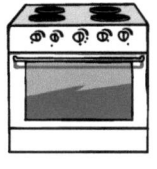

dada

fornuis

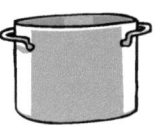

dada

pan

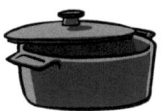

dada

gietijzeren pan

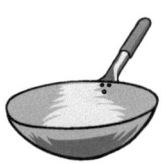

baba / dada

wok / kadai

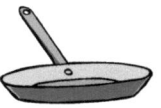

badada

koekenpan

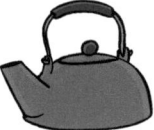

ba

ketel

dadababa

stoomkoker

bababa

bakplaat

dadaba

servies

dadadada

beker

dadaba

kom

baba

eetstokjes

dadaba

soeplepel

dadadada

spatel

badada

garde

dada

vergiet

bababa

zeef

baba

rasp

dadababa

vijzel

dada

barbecue

aua!

vuurhaard

dadababa

snijplank

babababa

deegroller

dadababa

kurkentrekker

dadadada

blik

bababa

blikopener

dadababa

pannenlap

dadadada

wasbak

dadababa

borstel

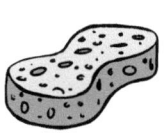

ba

spons

aua!

blender

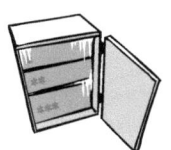

babadada

vriezer

bababa

babyflesje

dadadada

kraan

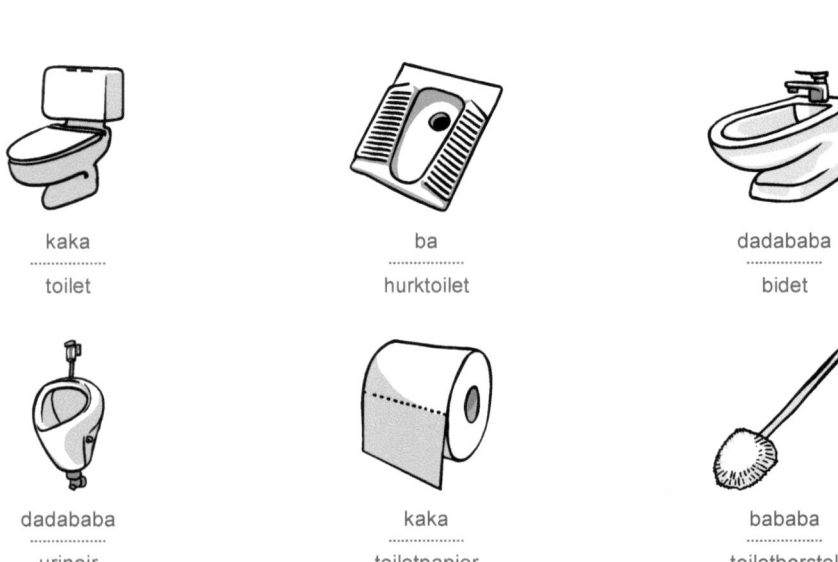

bababa
badkamer

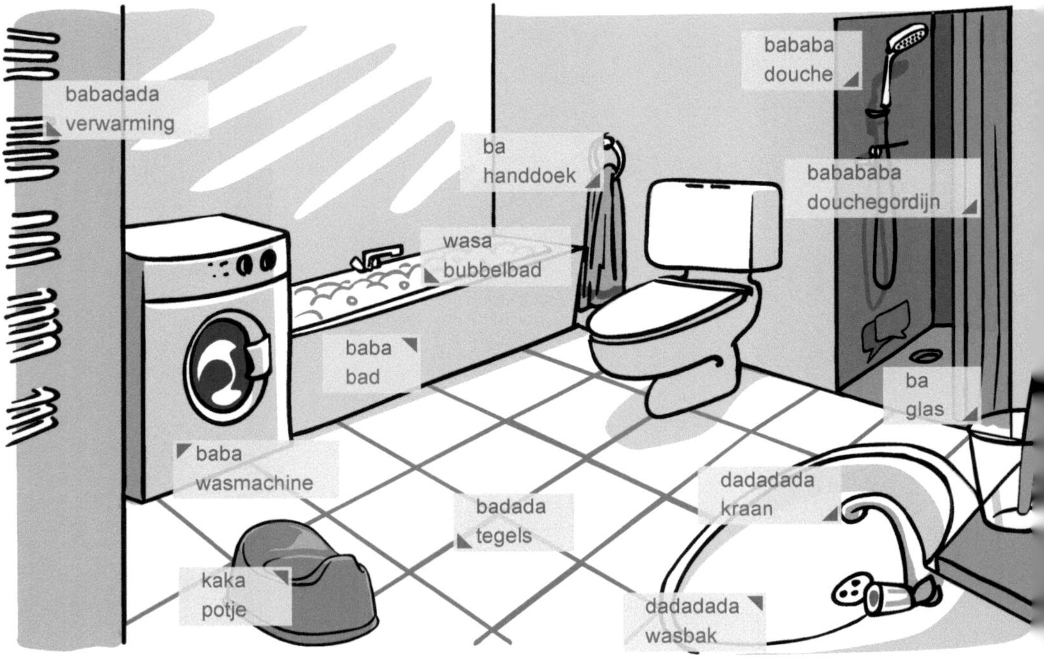
babadada
verwarming
ba
handdoek
bababa
douche
babababa
douchegordijn
wasa
bubbelbad
baba
bad
ba
glas
baba
wasmachine
badada
tegels
dadadada
kraan
kaka
potje
dadadada
wasbak

kaka

toilet

ba

hurktoilet

dadababa

bidet

dadababa

urinoir

kaka

toiletpapier

bababa

toiletborstel

bababa

tandenborstel

nom! nom!

tandpasta

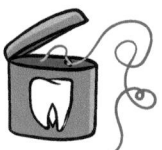

dadadada

flosdraad

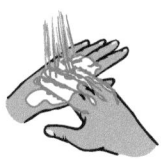

bababa

wassen

babababa

handdouche

dadadada

toiletdouche

badada

waskom

dadadada

rugborstel

nom! nom!

zeep

nom! nom!

douchegel

nom! nom!

shampoo

babadada

washanje

dadaba

afvoer

nom! nom!

creme

babababa

deodorant

dadadada

spiegel

dadadada

make-upspiegel

ba

scheermes

nom! nom!

scheerschuim

nam! nam!

aftershave

dadababa

kam

baba

borstel

dadadada

haardroger

badada

haarspray

dadaba

make-up

mama!

lippenstift

ba

nagellak

bababa

watten

dadadada

nagelschaartje

bababa

parfum

dadadada

toilettas

babababa

kruk

dadadada

weegschaal

ba

badjas

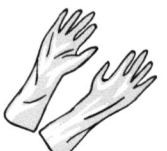

babababa

rubber handschoenen

ba

tampon

bababa

maandverband

baba

chemisch toilet

meina
kinderkamer

bababa
wekker
bababa
knuffeldier
auto
speelgoedauto
dadadada
rammelaar
bababa
poppenhuis
babababa
cadeau

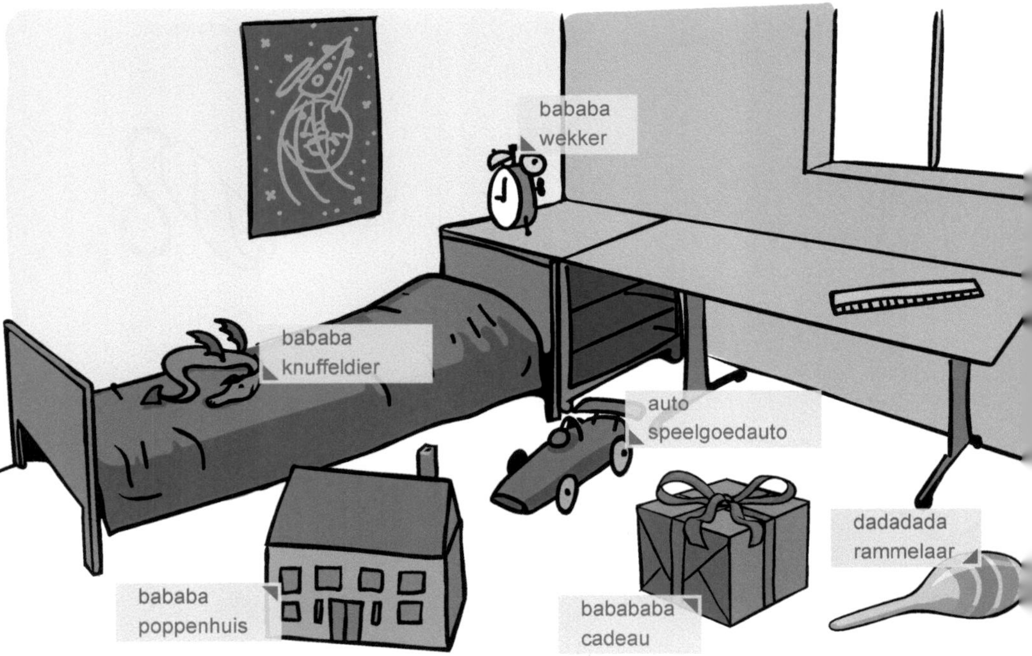

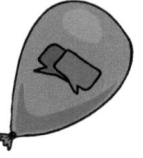

dadadada
ballon

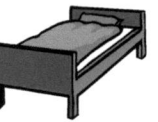

heia!
bed

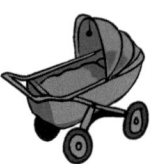

dadaba
kinderwagen

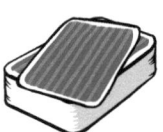

dadababa
kaartspel

bababa
puzzel

SUPER
MEGA

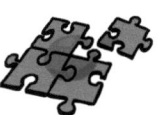

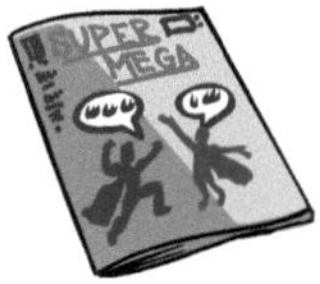

dadababa
stripverhaal

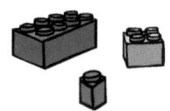

badada

legostenen

badada

speelgoedblokken

dada

actiefiguurtje

dadadada

romper

dadaba

frisbee

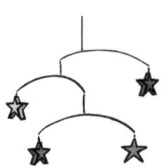

dadaba

mobile

ba

bordspel

baba

dobbelsteen

dadababa

modeltrein

lula

speen

baba

feestje

dadaba

prentenboek

dada

bal

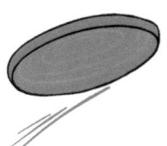

dada

pop

badada

spelen

dadaba

zandbak

babababa

schommel

dadababa

speelgoed

dadaba

spelcomputer

babadada

driewieler

dadababa

teddybeer

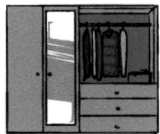

dadaba

kleerkast

baba
kleding

dadadada

sokken

ba

kousen

dada

panty

bababa
sjaal

dadababa
riem

bababa
paraplu

badada
T-shirt

baba
laarzen

ba
sportschoenen

baba
pantoffels

bababa
sandalen

badada
schoenen

dada
rubberlaarzen

ba
onderbroek

baba
beha

dadadada
onderhemd

badada

body

ba

broek

bababa

spijkerbroek

dada

rok

bababa

blouse

dadadada

overhemd

baba

trui

baba

hoody

babadada

blazer

baba

jas

bababa

mantel

dadababa

regenjas

bababa

kostuum

ba

jurk

dadaba

trouwjurk

dadadada

pak

babababa

nachthemd

heia

pyjama

baba

sari

dadadada

hoofddoek

dada

tulband

dada

boerka

baba

kaftan

dadadada

abaja

wasa

zwempak

bababa

zwembroek

dadababa

korte broek

babababa

trainingspak

baba

schort

babababa

handschoenen

dadaba

knoop

babadada

bril

dada

armband

dadababa

ketting

bababa

ring

dadababa

oorbel

dada

pet

babadada

kledinghanger

dadababa

hoed

bababa

stropdas

badada

rits

dadaba

helm

dada

bretels

babadada

schooluniform

bababababa

uniform

namnam
slabbetje

lula
speen

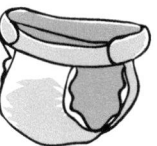

kaka!
luier

baba
kantoor

dadaba
server

dadababa
archiefkast

dadadada
papier

badada
printer

dadadada
beeldscherm

ba
bureau

baba
muis

dadaba
map

dada
toetsenbord

babadada
prullenmand

dada
computer

bababa
stoel

dada
koffiemok

bababa
rekenmachine

da da
internet

papa!

laptop

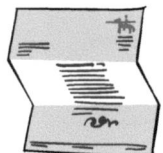

dadababa

brief

ba

bericht

fon

mobiele telefoon

bababa

netwerk

ba

kopieermachine

bababa

software

dada bing

telefoon

aua!

stopcontact

bababa

fax

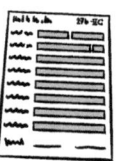

dadaba

formulier

bababa

document

baba

kopen

dadadada

betalen

dadaba

handel drijven

badada

geld

babadada

dollar

dadaba

euro

bababa

yen

ba

roebel

dada

Zwitserse frank

CNY

dada

renminbi yuan

INR

ba

roepie

ba

geldautomaat

dadadada
·················
wisselkantoor

dadadada
·················
goud

baba
·················
zilver

dadadada
·················
olie

ba
·················
energie

dadadada
·················
prijs

baba
·················
contract

bababa
·················
belasting

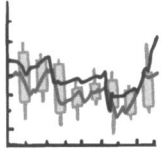

dadadada
·················
aandeel

dadaba
·················
werken

dadadada
·················
werknemer

dadababa
·················
werkgever

dadaba
·················
fabriek

ba
·················
winkel

ba
beroepen

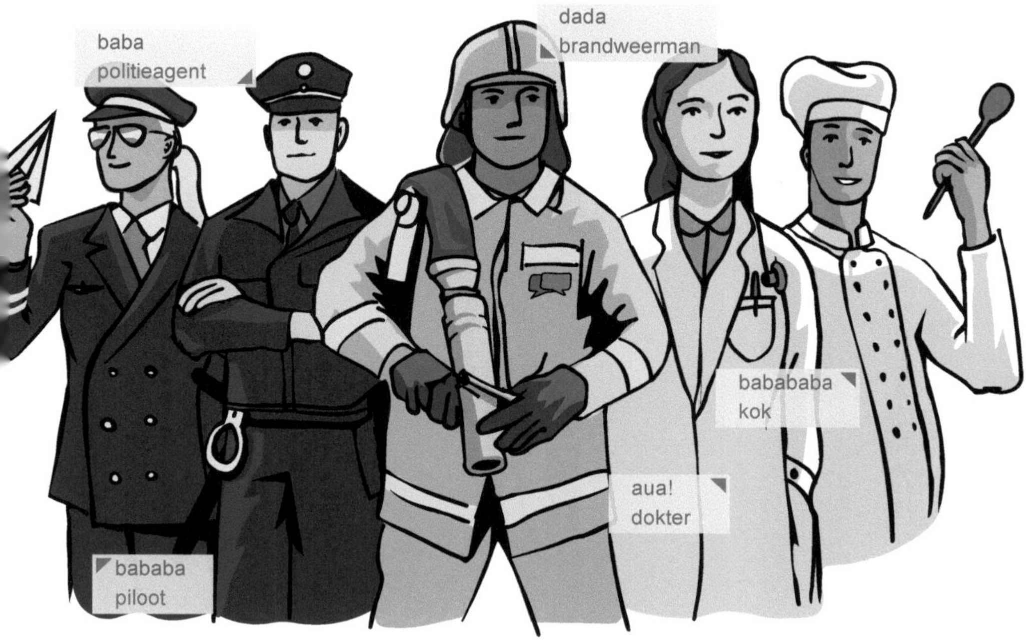
baba
politieagent
dada
brandweerman
babababa
kok
aua!
dokter
bababa
piloot

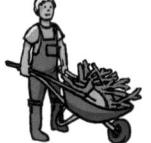

bababa
tuinman

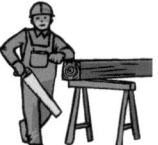

bababa
timmerman

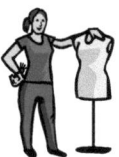

baba
naaister

bababa
rechter

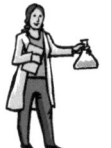

dadaba
scheikundige

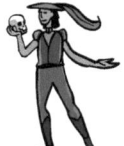

dadababa
toneelspeler

ba
....
buschauffeur

auto mann
....
taxichauffeur

bababa
....
visser

dadadada
....
schoonmaakster

dadadada
....
dakdekker

dadadada
....
ober

badada
....
jager

dadadada
....
schilder

dadababa
....
bakker

papa!
....
elektricien

babababa
....
bouwvakker

bababa
....
ingenieur

dadababa
....
slager

dadadada
....
loodgieter

bababa
....
postbode

dadadada
....
soldaat

ba
....
architect

dadaba
....
kassier

bababa
....
bloemist

babadada
....
kapper

bababa
....
conducteur

dadaba
....
monteur

dada
....
kapitein

badada
....
tandarts

ba
....
wetenschapper

bababa
....
rabbi

dadaba
....
imam

dada
....
monnik

dadadada
....
pastoor

dada
gereedschap

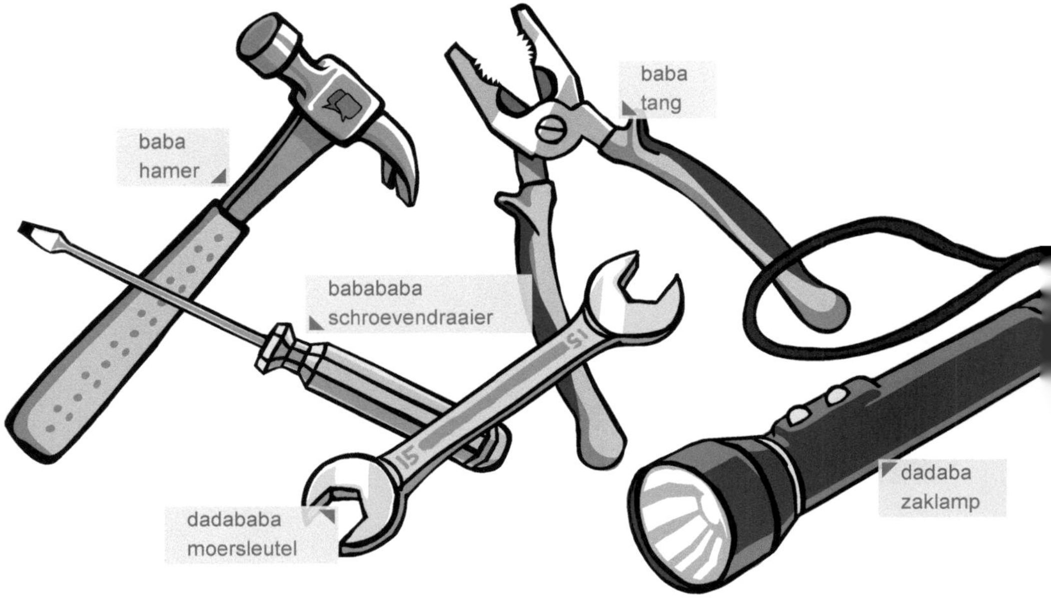
baba
hamer
baba
tang
babababa
schroevendraaier
dadababa
moersleutel
dadaba
zaklamp

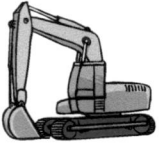

dadaba
graafmachine

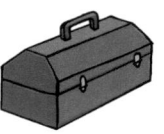

baba
gereedschapskist

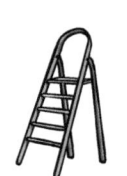

babababa
ladder

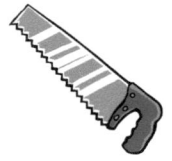

dadaba
zaag

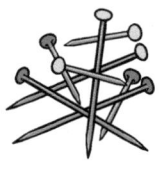

babadada
spijkers

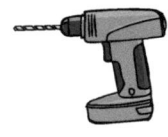

dada
boor

dadababa

repareren

dada

schep

aua!

Verdorie!

dada

stofblik

dadaba

verfpot

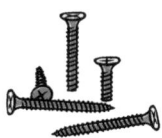

babababa

schroeven

bababa
muziekinstrumenten

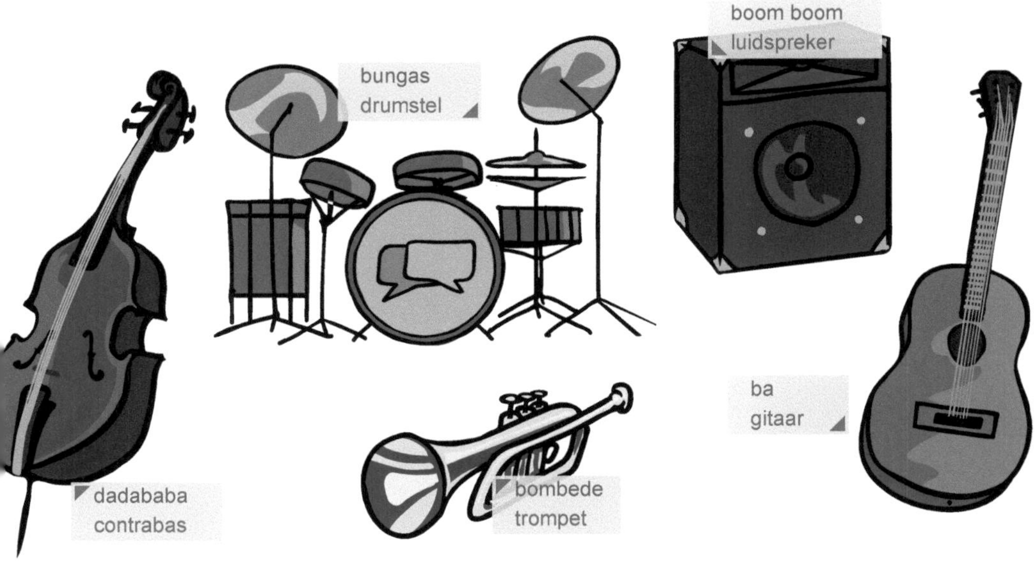

boom boom
luidspreker

bungas
drumstel

ba
gitaar

dadababa
contrabas

bombede
trompet

bingbing

piano

bababa

viool

ba

bas

badada

pauk

bunga bunga

trommel

badada

keyboard

dadababa

saxofoon

dadababa

fluit

dadadada

microfoon

bababa
dierentuin

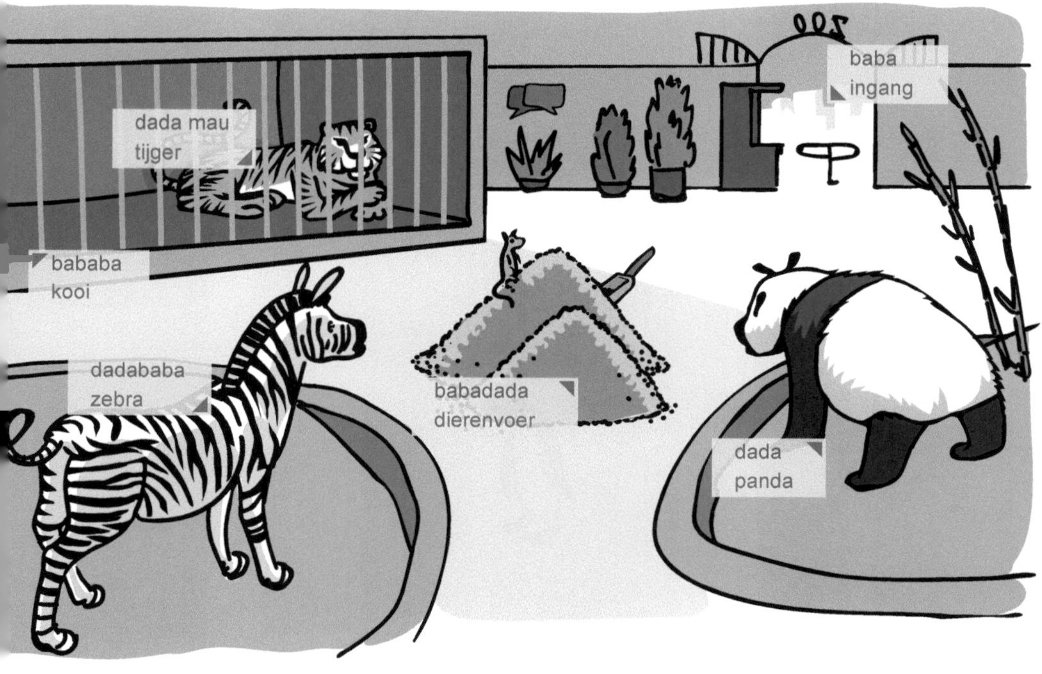
dada mau
tijger
baba
ingang
bababa
kooi
dadababa
zebra
babadada
dierenvoer
dada
panda

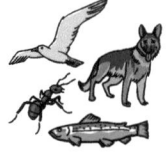

dadadada
dieren

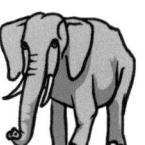

bababa
olifant

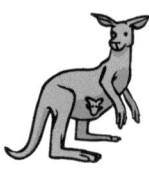

dadaba
kangoeroe

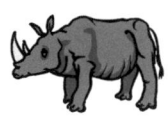

babadada
neushoorn

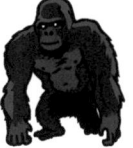

dada
gorilla

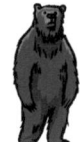

babababa
beer

dadaba

kameel

gackgack

struisvogel

babadada

leeuw

dadaba

aap

gackgack

flamingo

bababa

papegaai

bababa

ijsbeer

dada

pinguïn

bababa

haai

dadaba

pauw

badada

slang

babababa

krokodil

dadadada

dierenverzorger

dada

zeehond

bababa

jaguar

ei!

pony

dadadada

luipaard

dada

nijlpaard

babababa

giraffe

bababa

adelaar

babadada

wild zwijn

nom nom!

vis

dadadada

schildpad

anje

walrus

dadadada

vos

bababa

gazelle

dadababa
American football

dadaba
wielrennen

bum bum
tennis

ball
basketbal

badada
zwemmen

aua!
boksen

baba
ijshockey

dadadada
voetbal

badada
badminton

dadababa
atletiek

ball
handbal

dadadada
skiën

baba
polo

dadadada
activiteiten

dada
springen
bababa
knuffelen
baba
lachen
dada
lopen
dadababa
zingen
dadababa
dromen
dadadada
bidden
mama!
kussen

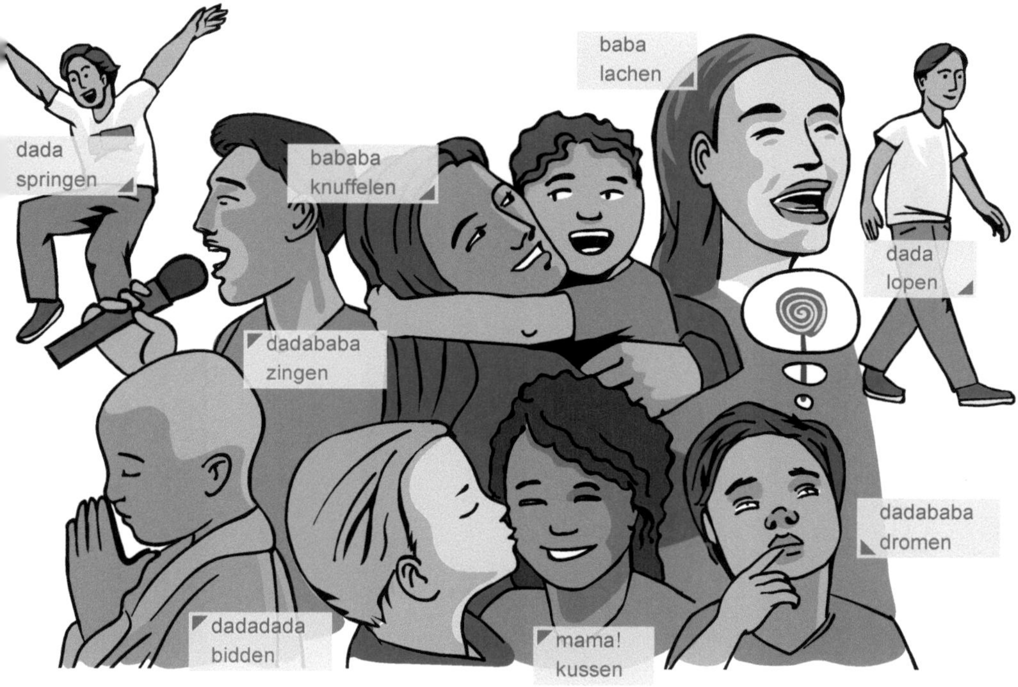

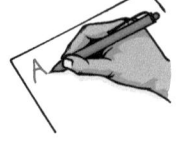

dadaba
schrijven

dada
tekenen

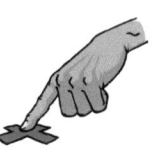

dadababa
tonen

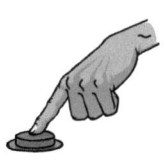

dada
duwen

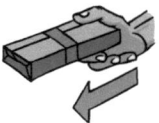

badada
geven

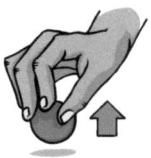

dadaba
oppakken

dadaba

hebben

dadadada

doen

babadada

zijn

dadadada

staan

baba

rennen

dadababa

trekken

dadadada

gooien

dadaba

vallen

badada

liggen

dadaba

wachten

bababa

dragen

ba

zitten

dadababa

aankleden

heia!

slapen

bababa

wakker worden

bababab
a
bekijken

baaaaaa
huilen

dadadada
strelen

bababa
kammen

bababa
praten

baba
begrijpen

badada
vragen

dadababa
horen

bababa
drinken

nomnom!
eten

badada
opruimen

ba
houden van

badada
koken

dadababa
rijden

dadadada
vliegen

dadababa

zeilen

dadababa

rekenen

dadadada

lezen

dadababa

leren

dadaba

werken

baba

trouwen

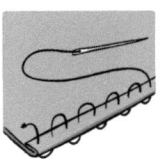

dada

naaien

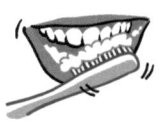

aua!

tandenpoetsen

aua!

doden

dadababa

roken

bababa

verzenden

oma!
grootmoeder

opa!
grootvader

papa!
vader

mama!
moeder

bebi
baby

ba
dochter

badada
zoon

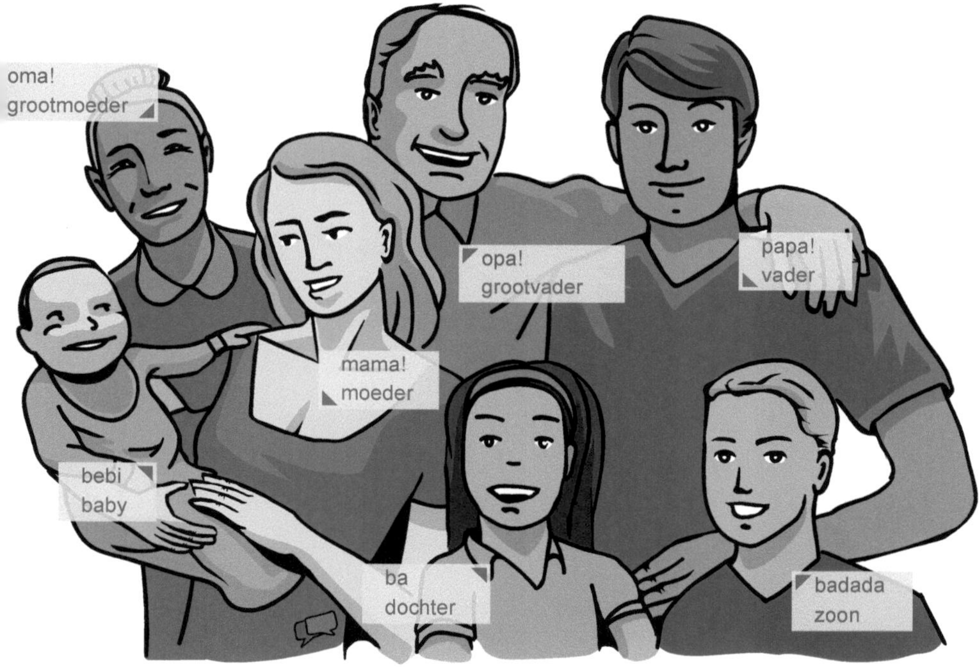

baba

gast

ba

tante

babababa

oom

nein!

broer

nein!

zus

dadababa
lichaam

bababa
voorhoofd
dada
oog
bababa
schouder
dada
vinger
dada
gezicht
dadababa
kin
baba
hand
dadaba
been
da
borst
bababa
arm

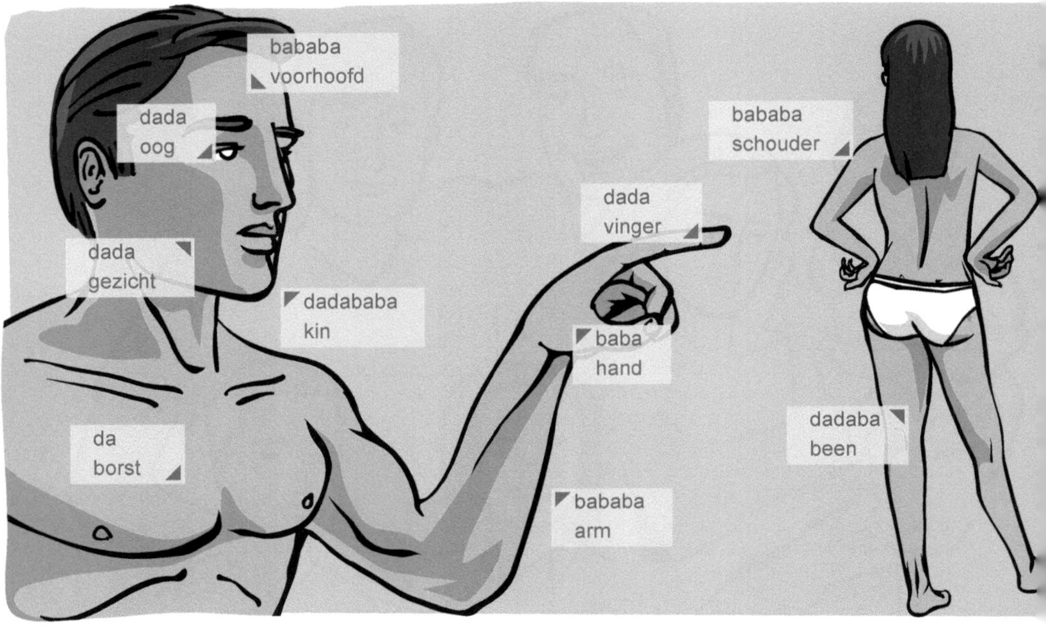

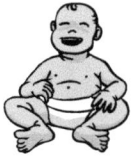

bebi
baby

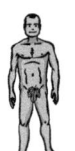

papa!
man

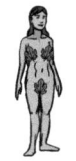

mama
vrouw

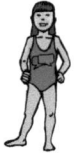

baba
meisje

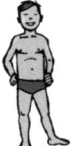

babadada
jongen

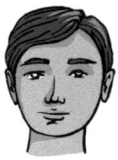

bababa
hoofd

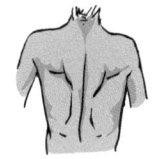

baba
rug

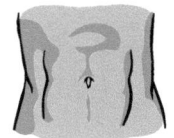

dadababa
buik

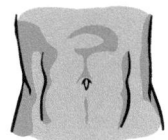

dada
navel

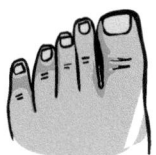

dadababa
teen

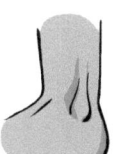

ba
hiel

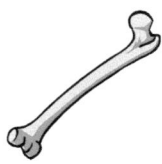

badada
bot

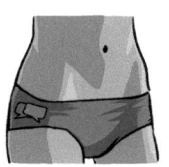

bababa
heup

dada
knie

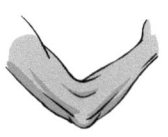

dadadada
elleboog

bababa
neus

popo
achterwerk

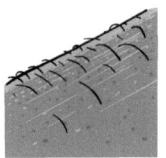

dadaba
huid

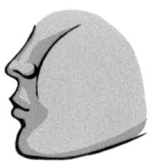

badada
wang

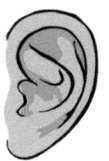

dada
oor

babababa
lippen

dadababa
mond

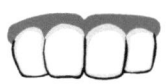

dadadada
tand

baba
tong

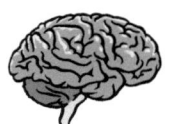

dadadada
hersenen

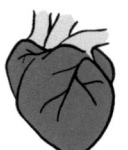

baba
hart

dada
spier

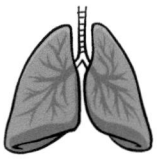

dada
long

dada
lever

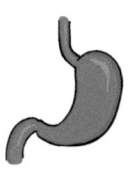

dadababa
maag

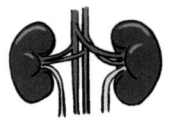

dadaba
nieren

babadada
geslachtsgemeenschap

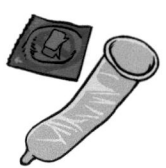

dada
condoom

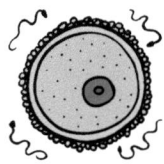

badada
eicel

dadababa
sperma

dadababa
zwangerschap

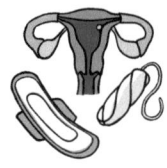

ba

menstruatie

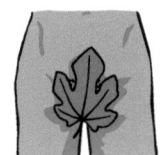

mumu

vagina

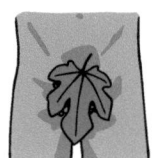

pipi

penis

dada

wenkbrauw

dadababa

haar

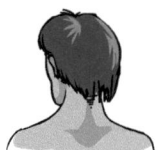

bababa

hals

aua!

ziekenhuis

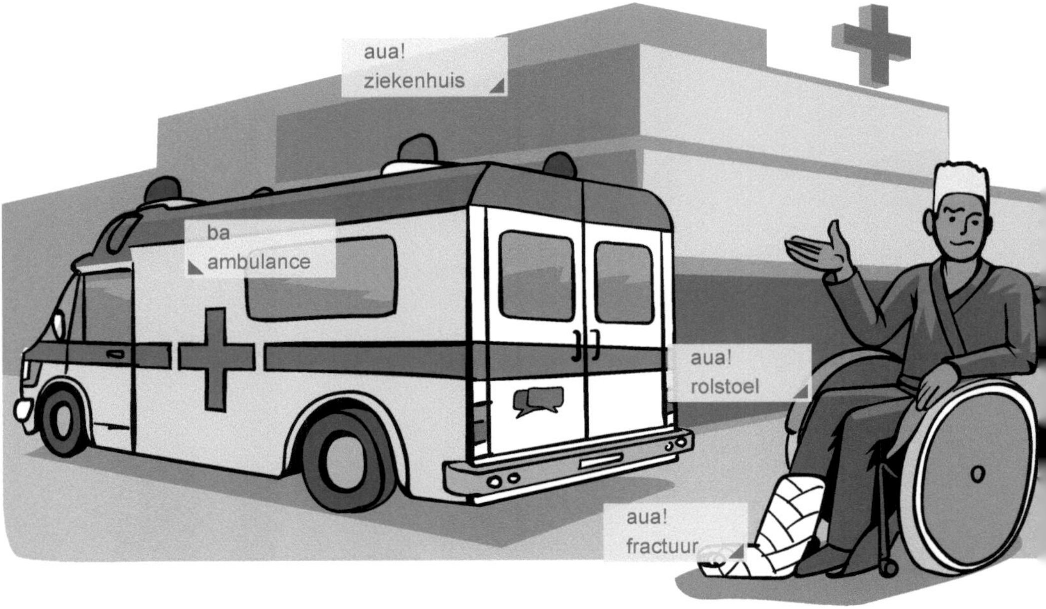

aua!
ziekenhuis

ba
ambulance

aua!
rolstoel

aua!
fractuur

aua!

dokter

aua!

EHBO

aua!

verpleegster

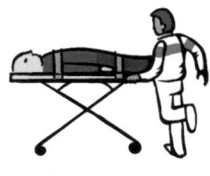

aua!

noodgeval

aua!

bewusteloos

dadababa

pijn

aua!

verwonding

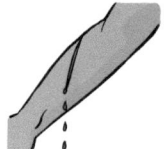

dadadada

bloeding

aua!

hartaanval

aua!

beroerte

dadababa

allergie

aua!

hoest

aua!

koorts

aua!

griep

aua!

diarree

aua!

hoofdpijn

aua!

kanker

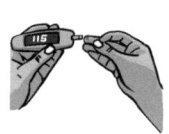

aua!

diabetes

aua!

chirurg

aua!

scalpel

aua!

operatie

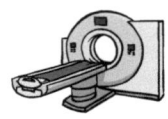

aua!

CT

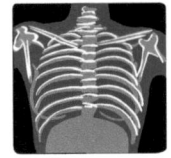

aua!

röntgen

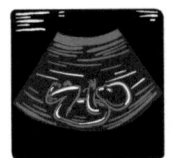

aua!

echografie

aua!

gezichtsmasker

aua!

ziekte

aua!

wachtkamer

aua!

kruk

aua!

pleister

dadababa

verband

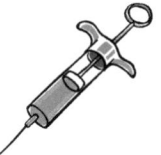

aua!

injectie

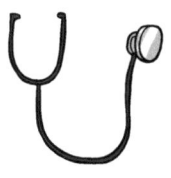

aua!

stethoscoop

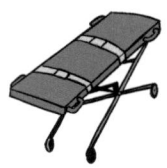

aua!

brancard

aua!

thermometer

aua! bebi!

geboorte

aua!

overgewicht

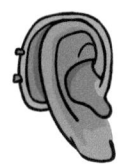

aua!

gehoorapparaat

aua!

ontsmettingsmiddel

aua!

infectie

aua!

virus

aua!

HIV / AIDS

aua!

medicijn

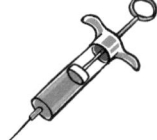

aua!

inenting

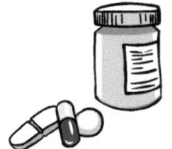

aua!

tabletten

dadaba

pil

aua!

alarmnummer

aua!

bloeddrukmeter

da / ba

ziek / gezond

aua!

Help!

aua!

alarm

aua!

overval

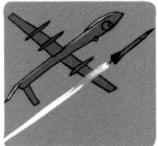

aua!

aanval

aua!

gevaar

dadadada

nooduitgang

dadaba

Brand!

dadaba

brandblusser

aua! aua!

ongeluk

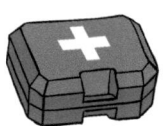

aua!

EHBO-koffer

baba

SOS

dadadada

politie

badada

Europa

dadaba

Noord-Amerika

dadababa

Zuid-Amerika

dadaba

Afrika

dadaba

Azië

babababa

Australië

badada

Atlantische Oceaan

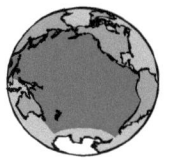

dadaba

Stille Oceaan

baba

Indische Oceaan

bababa

Zuidelijke Oceaan

dadababa

Noordelijke IJszee

bababa

Noordpool

dadababa

Zuidpool

dadaba

Antarctica

dada

aarde

dadaba

land

badada

zee

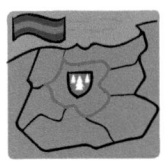

dadadada

eiland

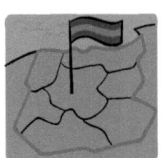

dadadada

natie

dadababa

staat

baba

wijzerplaat

babadada

uurwijzer

baba

minutenwijzer

bababa

secondewijzer

dadababa

Hoe laat is het?

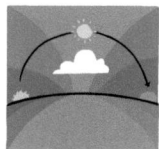

babadada

dag

dada

tijd

baba

nu

dadababa

digitaal horloge

dadababa

minuut

bababa

uur

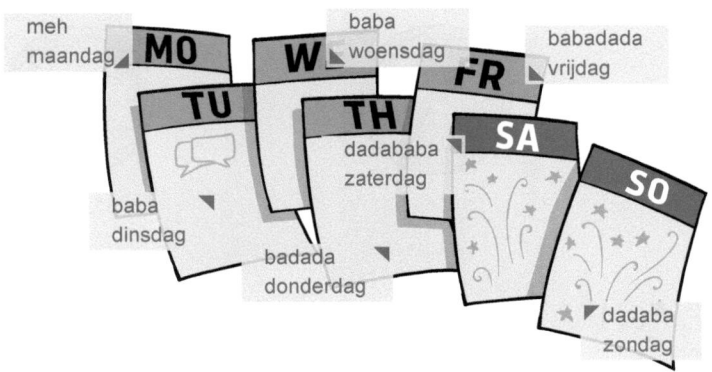

meh maandag — MO

baba woensdag — W

babadada vrijdag — FR

TU

TH — dadababa zaterdag

SA

baba dinsdag

badada donderdag

SO

dadaba zondag

dadadada

gisteren

dadababa

vandaag

dadaba

morgen

baba

ochtend

baba

middag

dadadada

avond

dada

werkdagen

baba

weekend

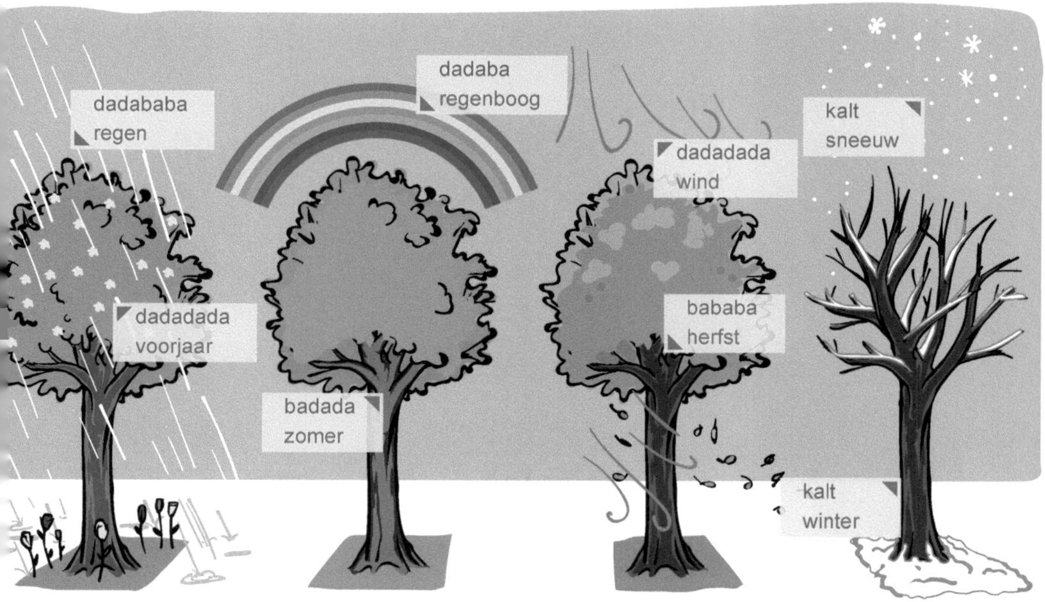

dadababa
regen
dadaba
regenboog
dadadada
wind
kalt
sneeuw
dadadada
voorjaar
badada
zomer
bababa
herfst
kalt
winter

4.APRIL 11°
5.APRIL 4°
6.APRIL 13°
7.APRIL 8°
8.APRIL 10°

dadababa

weerbericht

F
C
120
90
60
30
0
-30
40
30
20
10
0
-10
-20

bababa

thermometer

ba

zonneschijn

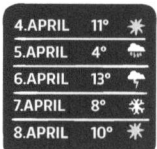

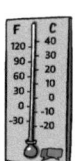

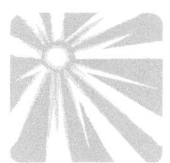

baba

wolk

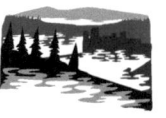

dadadada

mist

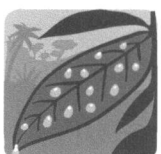

dada

luchtvochtigheid

dadababa
....
bliksem

dada
....
donder

badada
....
storm

dadababa
....
hagel

bababa
....
moesson

dadaba
....
overstroming

dadadada
....
ijs

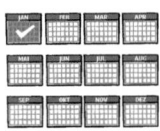

dadaba
....
januari

dadaba
....
februari

bababa
....
maart

dadadada
....
april

dadadada
....
mei

babababa
....
juni

baba
....
juli

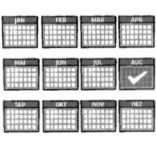

bababa
....
augustus

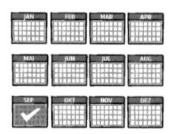

dadadada
....
september

badada
....
oktober

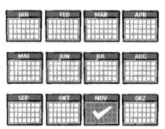

dadababa
....
november

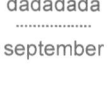

baba
....
december

dadababa

vormen

baba
....
cirkel

badada
....
vierkant

dadababa
....
rechthoek

babababa
....
driehoek

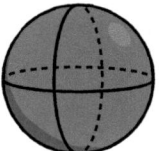

dadadada
....
bol

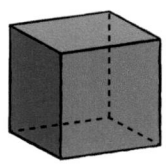

babababa
....
kubus

dadababa

wit

babababa

geel

baba

oranje

dadadada

roze

babadada

rood

dadababa

paars

dadadada

blauw

ba

groen

baba

bruin

bababa

grijs

badada

zwart

da / ba

veel / weinig

da / ba

boos / rustig

da / ba

mooi / lelijk

da / ba

begin / einde

da / ba

groot / klein

da / ba

licht / donker

da / ba

broer / zus

da / ba

schoon / vies

da / bada

volledig / onvolledig

da / ba

dag/ nacht

da / ba

dood / levend

da / ba

breed / smal

da / ba

eetbaar / oneetbaar

da / ba

gemeen / aardig

ba / ba

opgewonden / verveeld

da / ba

dik / dun

ba / ba

eerste / laatste

da / bada

vriend / vijand

da / ba

vol / leeg

da / ba

hard / zacht

da / ba

zwaar / licht

da / bada

honger / dorst

da / ba

ziek / gezond

da / ba

illegaal / legaal

da / ba

intelligent / dom

ba / ba

links / rechts

da / ba

dichtbij / ver

da / bada
nieuw / gebruikt

da / ba
niets / iets

ba / ba
oud / jong

da / ba
aan / uit

da / ba
open / gesloten

da / ba
zacht / luid

ba / ba
rijk / arm

da / ba
goed / fout

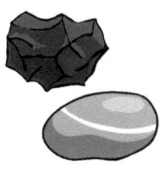

da / ba
ruw / glad

ba / ba
verdrietig / gelukkig

da / ba
kort / lang

da / ba
langzaam / snel

da / bada
nat / droog

da / bada
warm / koel

da / ba
oorlog / vrede

0

dada

nul

1

a

één

2

ba

twee

3

da ba da

drie

4

badabada

vier

5

dadababa

vijf

6

dadaba

zes

7

badada

zeven

8

dadababa

acht

9

dadaba

negen

10

dadadada

tien

11

badada

elf

12

baba

twaalf

13

bababa

dertien

14

baba

veertien

15

babadada

vijftien

16

dadababa

zestien

17

babababa

zeventien

18

dadababa

achttien

19

bababa

negentien

20

dadababa

twintig

100

baba

honderd

1.000

baba

duizend

1.000.000

dadababa

miljoen

baba

Engels

babadada

Amerikaans Engels

dadababa

Chinees Mandarijn

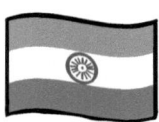

ba

Hindi

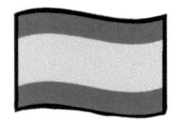

badada

Spaans

ohlala

Frans

babadada

Arabisch

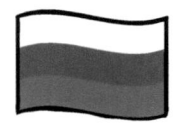

dadaba

Russisch

dada

Portugees

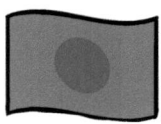

dadadada

Bengalees

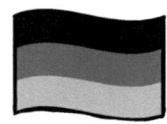

badada

Duits

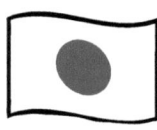

dadadada

Japans

a

ik

dadadada

jij

da / da / da

hij / zij / het

o ba ma

wij

babababa

jullie

baba

zij

dadadada

wie?

dadadada

wat?

baba

hoe?

babababa

waar?

babadada

wanneer?

dadaba

naam

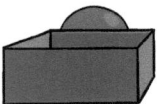

baba

achter

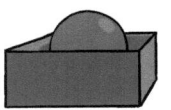

dadaba

in

baba

voor

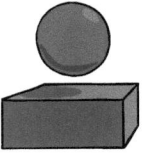

ba

boven

baba

op

dadababa

onder

babababa

naast

ba

tussen

dada

plaats